Vente du Mardi 30 Janvier 1883

HÔTEL DROUOT, SALLE Nº 9

A DEUX HEURES ET DEMIE

TABLEAUX ANCIENS

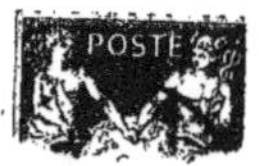

COMPOSANT LA

Collection de feu M. RICHTER, Artiste-Peintre

ET DES

COPIES

FAITES PAR LUI

D'après les Maîtres des diverses Écoles

EXPOSITION PUBLIQUE

LE LUNDI 29 JANVIER 1883

<table>
<tr><td>Mᵉ Henri LECHAT
COMMISsᵉ-PRISEUR
rue Baudin, 6 (square Montholon)</td><td>M. JULES CHAINE
EXPERT
avenue Trudaine, 17</td></tr>
</table>

PARIS — 1883

Vᵉ RENOU, MAULDE et COCK

IMPRIMEURS DE LA COMPAGNIE DES COMMISSAIRES-PRISEURS

Rue de Rivoli, 144.

CATALOGUE

DE

TABLEAUX ANCIENS

COMPOSANT LA

Collection de feu M. RICHTER. Artiste-Peintre

ET DES

COPIES

FAITES PAR LUI

D'après les Maîtres des diverses Écoles

DONT LA VENTE AUX ENCHÈRES PUBLIQUES AURA LIEU

HOTEL DROUOT, SALLE N° 9

Le Mardi 30 Janvier 1883

A DEUX HEURES ET DEMIE

Par le ministère de **M° HENRI LECHAT**, Commissaire-Priseur,
rue Baudin, 6 (square Montholon),
Assisté de **M. JULES CHAINE**, Expert, avenue Trudaine, 17.

EXPOSITION PUBLIQUE

LE LUNDI 29 JANVIER 1883

PARIS — 1883

CONDITIONS DE LA VENTE

—

Elle sera faite au comptant.

Les Acquéreurs paieront, en sus des adjudications. CINQ POUR CENT, applicables aux frais de vente.

TABLEAUX

—

AHRENDTS (K.-C.)

1 — Paysage.

H. 45 c. L. 60 c.

ANTONISSEN (H.-J.)

2 — Animaux dans un paysage montagneux.

H. 44 c. L. 53 c.

BARBIERI (Attribué à Giovani-Francesco), dit IL GUERCINO

3 — Tête de vieillard.

H. 76 c. L. 62 c.

BAUGIN (Lubin)

4 — Passage de la mer Rouge.

Peinture sur marbre.

H. 30 c. L. 30 c.

BERRÉ (J.-B.)

5 — Animaux dans un pâturage.

H. 24 c. L. 34 c.

BIDAULD (Joseph)

6 — Le Château de Castel-à-Mare sur les bords du golfe de Naples.

H. 51 c. L. 79 c.

BONINGTON (?)

7 — Paysage.

Signé.

BRASCASSAT (J.-R.)

8 — Paysage avec figures et animaux.

Signé à gauche.

H. 29 c. L. 36 c.

BOURGOING.

9 — L'Entrée d'un monument en Espagne.

H. 32 c. L. 24 c.

BRONZINO (Agnolo di Cosimo, dit Il)

10 — Portrait d'homme.

H. 70 c. L. 57 c.

CRESPIN

11 — Paysage.

DESPORTES (François)

12 — Fruits, Fleurs, Oiseaux.

Signé et daté 1716.

H. 60 c. L. 75 c.

GISELAERT

13 — Intérieur d'église.

GUASPRE-POUSSIN (École du)

14 — Paysage avec figures.

H. 32 c. L. 48 c.

HEEM (Kornélis de)

15 — Nature morte.

HORST (Nicolas Van der)

16 — Portrait d'homme.

H. 40 c. L. 30 c.

HUYSMANS (Cornelis), dit de Malines

17 — Paysage avec figures.

H. 66 c. L. 85 c.

JORDAENS (Jacob)

18 — Tête de Faune.

H. 40 c. L. 48 c.

KEYSER (Attribué à Th.)

19 — Tête de guerrier.

H. 74 c. L. 55 c.

KNIP (A.)

20 — Une jeune Fille garde des moutons dans une
bergerie.

LALLEMAND (Attribué à)

21 — Paysage avec personnages.

H. 42 c. L. 52 c.

LERICHE

22 — Fleurs.

H. 42 c. L. 54 c.

LEYGUE

23 — Paysage (le Soir).

MARNE (Louis de)

24 — Paysage avec figures et animaux.

Signé à gauche.

H. 44 c. L. 55 c.

MICHEL

25 — Environs de Paris. Paysage avec figures, par De Marne.

H. 38 c. L. 50 c.

MIGNARD (École de)

26 — Portrait de femme.

MOLA (Pier-Francesco)

27 — Portrait d'homme.

H. 60 c. L. 50 c.

MOREL-FACIO

28 — Marine.

NOTER (De) et VERBOECKHOVEN

29 — Canal glacé à Liége.

Les figures de Verboeckhoven.

Signé par les deux maîtres.

H. 34 c. L. 47 c.

OMMEGANCK (B.-P.)

30 — Moutons au pâturage.

Signé à droite.

H. 29 c. L. 38 c.

PATEL (Le père)

31 — Paysage avec figures et animaux.

H. 49 c. L. 62 c.

PETERS (Bonaventure)

32 — Barques de pêche.

32 *bis.* — Barques de pêche.

H. 15 c. L. 18 c.

PILLEMENT

33 — Paysage avec figures et animaux.

PORTE (Attribué à ROLAND DE LA)

34 — Nature morte.

H. 37 c. L. 48 c.

RALICOT

35 — Paysage avec personnages.

H. 40 c. L. 32 c.

ROUSSEAU (Genre de)

36 — Sous-Bois.

H. 21 c. L. 15 c.

37 — Sous-Bois.

H. 12 c. L. 18 c.

TASSI (AGOSTINO)

38 — Port de mer.

H. 52 c. L. 67 c.

VERNET (HORACE)

39 — Retour à la ferme.

Signé à droite, H. Vernet. 1826.

H. 19 c. L. 23 c.

WOENIX

40 — La Cour d'une hôtellerie.

Signé.

H. 62 c. L. 80 c.

WERFF (Attribué à ADRIAAN VAN DER)

41 — Le Bain.

H. 57 c. L. 45 c.

ÉCOLE FRANÇAISE

42 — Portrait de femme.

43 — La Résurrection de Lazare.

H. 57 c. L. 88 c.

INCONNUS

44 — Paysage.

45 — Marine.

COPIES

D'après les Maîtres des diverses Ecoles

—

46 — Scène d'intérieur.

D'après Ostade (Adriann van).

47 — L'Embarquement.

D'après Pynacker (Adam).

48 — L'Auberge.

D'après Ostade (Isaac van).

49 — Embouchure de l'Escaut.

D'après Ruysdaël (Salomon).

50 — Vue de Hollande.

D'après Goyen (Van).

51 — Un Chemin montant.

D'après Ruysdaël (Jacob).

52 — La Leçon de musique.

D'après Netscher (Gaspar).

53 — Intérieur de cabaret.

D'après Téniers (David).

54 — Intérieur de cabaret.

D'après Téniers (David).

55 — La sainte Famille.

D'après Raphaël (Sanzio).

56 — Le Repos.

D'après Berghem (Nicolaas).

57 — Baigneuses.

D'après Vernet (Carle).

58 — Paysage avec figures et animaux.

D'après Gellée (Claude), dit le Lorrain.

59 — Portrait d'homme.

D'après Rembrandt (Van Ryn).

60 — Portrait de Rembrandt.

D'après Rembrandt (Van Ryn).

61 — Portrait d'homme.

D'après Calcar (Giovanni).

Vᵉ Renou, Maulde et Cock. imprˢ de la Compagnie des Commissaires-Priseurs,
rue de Rivoli, 144.   34772

www.ingramcontent.com/pod-product-compliance
Lightning Source LLC
La Vergne TN
LVHW010855180726
843502LV00010B/3908